Goodnight, My Love!

شب بخیر، عزیزم!

Shelley Admont

Illustrated by Samir Boumsik

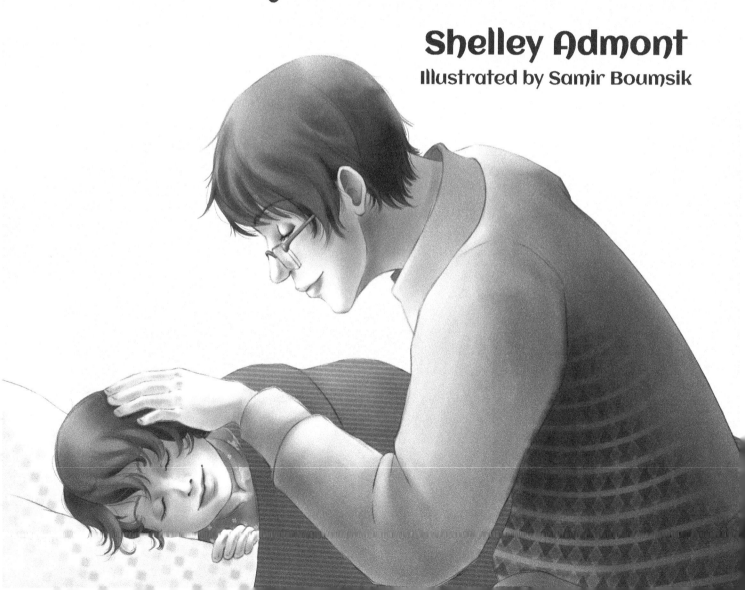

www.kidkiddos.com

support@kidkiddos.com

First edition, 2019
Edited by Martha Robert
Translated from English by Sahar Niknam
برگردان از انگلیسی: سحر نیکنام
Farsi editing by Sonia Razmjuee
ویرایش: سونیا رزمجویی

Library and Archives Canada Cataloguing in Publication
Goodnight, My Love! (Farsi Bilingual Edition)/ Shelley Admont
ISBN: 978-1-5259-1090-6 paperback
ISBN: 978-1-5259-1091-3 hardcover
ISBN: 978-1-5259-1089-0 eBook

Please note that the Farsi and English versions of the story have been written to be as close as possible. However, in some cases they differ in order to accommodate nuances and fluidity of each language.

KidKiddos Books

PiYo!

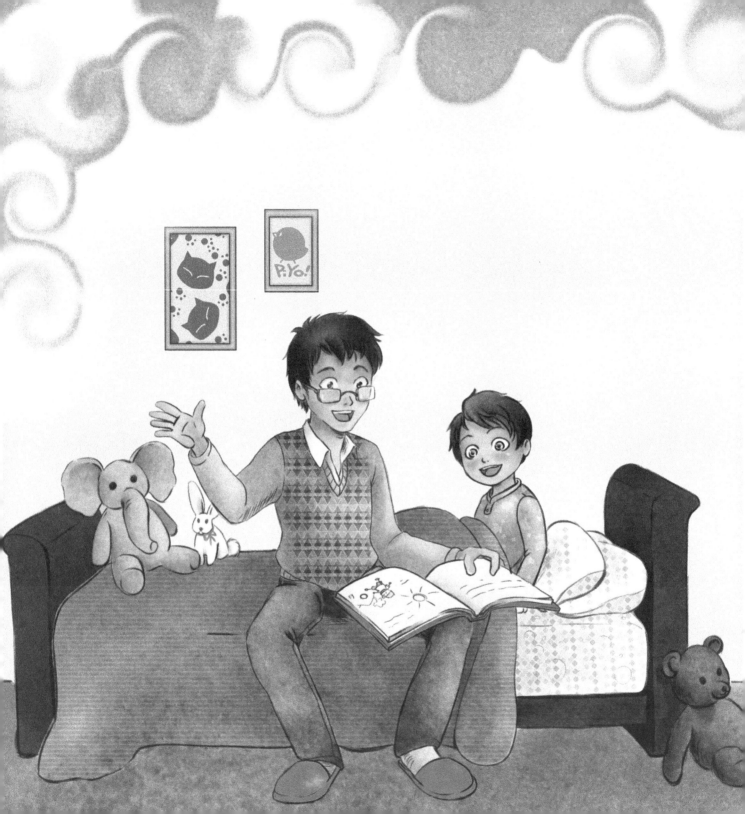

"Time for bed, son. Brush your teeth and put on your pajamas. Climb into bed, and I will read you a story," said Dad.

بابا گفت: «وقته خوابه، پسرم. دندون‌هاتو مسواک بزن و لباس خوابت رو بپوش. بعد برو توی تختت تا من برات یه داستان بخونم.»

When Alex had climbed into bed, his dad read him a story. After that, he tucked him in and leaned over.

وقتی الکس توی تختش رفت، باباش برایش یک داستان خواند. بعد، پتو را روی او کشید و به سمتش خم شد.

"Goodnight, son. Goodnight, dear. I love you," he said.

بابا گفت: «شب بخیر، پسرم. شب بخیر، عزیزم. دوستت دارم.»

"I love you too, Daddy, but I can't sleep right now," said Alex.

الکس گفت: «منم دوستت دارم، بابایی، اما الان خوابم نمی‌بره.»

"Why, son? What's wrong?" asked Dad.

بابا پرسید: «چرا پسرم؟ چیزی شده؟»

"I need a drink of water first," Alex answered.

الکس جواب داد: «اول باید آب بخورم.»

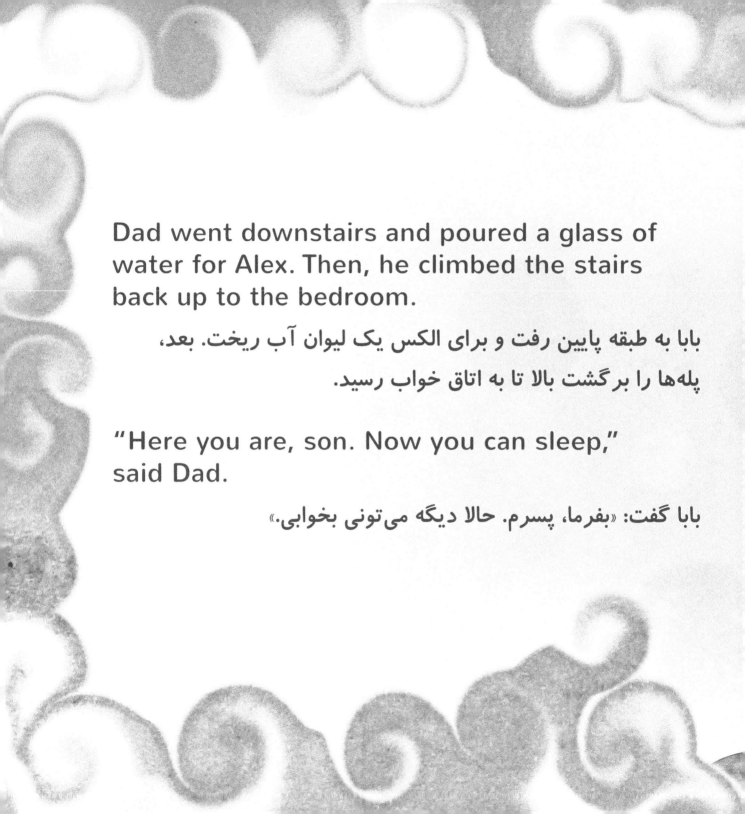

Dad went downstairs and poured a glass of water for Alex. Then, he climbed the stairs back up to the bedroom.

بابا به طبقه پایین رفت و برای الکس یک لیوان آب ریخت. بعد، پله‌ها را برگشت بالا تا به اتاق خواب رسید.

"Here you are, son. Now you can sleep," said Dad.

بابا گفت: «بفرما، پسرم. حالا دیگه می‌تونی بخوابی.»

Alex drank the glass of water and lay back down. His dad tucked him in and leaned over.

الکس لیوان آب را نوشید و دوباره دراز کشید. بابا پتو را روی او کشید و به سمت او خم شد.

"Goodnight, son. Goodnight, dear. I love you," he said.

بابا گفت: «شب بخیر، پسرم. شب بخیر، عزیزم. دوستت دارم.»

"I love you too, Daddy, but I can't sleep right now."

«منم دوستت دارم، بابایی، اما الان خوابم نمی‌بره.»

"Why, son? What's wrong?" asked Dad.

بابا پرسید: «چرا پسرم؟ چیزی شده؟»

"I need my teddy bear," answered Alex.

الکس جواب داد: «عروسک خرسی‌ام رو می‌خوام.»

Dad walked across the room and picked up a blue teddy bear.

بابا دور اتاق را گشت و یک عروسک خرسی آبی رنگ را برداشت.

He brought it back and gave it to Alex.

بعد برگشت و آن را به الکس داد.

"Not this one, Daddy. I need the grey teddy bear," said Alex.

الکس گفت: «این نه، بابایی. من عروسک خرسی خاکستری‌ام رو می‌خوام.»

Dad laughed. He went downstairs to get a grey teddy bear from the couch. Then, he climbed the stairs back up to his son's room again.

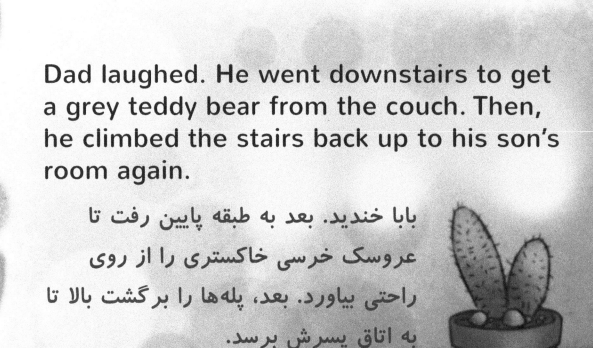

بابا خندید. بعد به طبقه پایین رفت تا عروسک خرسی خاکستری را از روی راحتی بیاورد. بعد، پله‌ها را برگشت بالا تا به اتاق پسرش برسد.

"Here is your teddy bear. Now you can sleep," said Dad.

بابا گفت: «اینم عروسک خرسی شما. حالا دیگه می‌تونی بخوابی.»

"Thank you, Daddy!" said Alex.

الکس گفت: «ممنونم، بابایی!»

Dad tucked in his son and the teddy bear and leaned over.

بابا پتو را روی پسرش و عروسک خرسی کشید و به سمت او خم شد.

"Goodnight, son. Goodnight, dear. I love you," he said.

او گفت: «شب بخیر، پسرم. شب بخیر، عزیزم. دوستت دارم.»

"I love you too, Daddy, but I still can't sleep yet," said Alex again.

الکس دوباره گفت: «منم دوستت دارم، بابایی، اما هنوزم خوابم نمی‌بره.»

"Why, son? What's wrong?" asked Dad.

بابا پرسید: «چرا، پسرم؟ چیزی شده؟»

"Well, I don't know what to dream about," answered Alex.

الکس جواب داد: «خوب راستش نمی‌دونم در مورد چی خواب ببینم.»

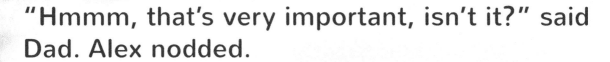

"Hmmm, that's very important, isn't it?" said Dad. Alex nodded.

بابا گفت: «هوممم، این خیلی مهمه، مگه نه؟» الکس سر تکان داد.

"Then, why don't we plan your dream together?" asked Dad.

بابا پرسید: «خوب پس چطوره با همدیگه برای خوابت برنامه‌ریزی کنیم؟»

"That's a good idea, Daddy!"

«فکر خوبیه، بابایی!»

"If you could be anything at all, Alex, what would you be?"

«اگه می‌تونستی هر چی که می‌خواستی باشی، دوست داشتی چی باشی، الکس؟»

"I'd be a bird and float on the breeze," answered Alex.

الکس جواب داد: «دوست داشتم یه پرنده بودم و روی بادها بالا و پایین می‌رفتم.»

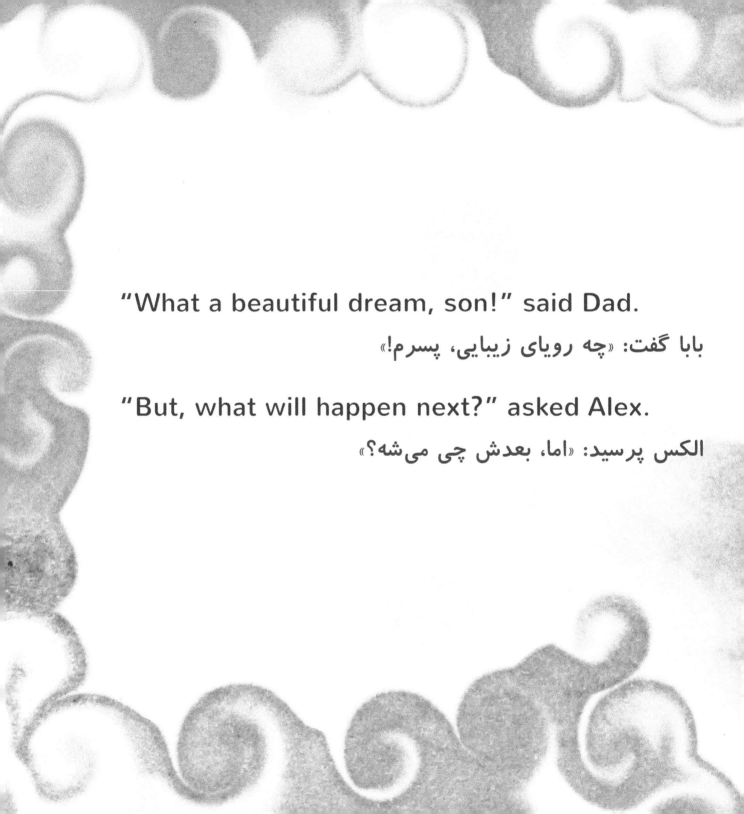

"What a beautiful dream, son!" said Dad.

بابا گفت: «چه رویای زیبایی، پسرم!»

"But, what will happen next?" asked Alex.

الکس پرسید: «اما، بعدش چی می‌شه؟»

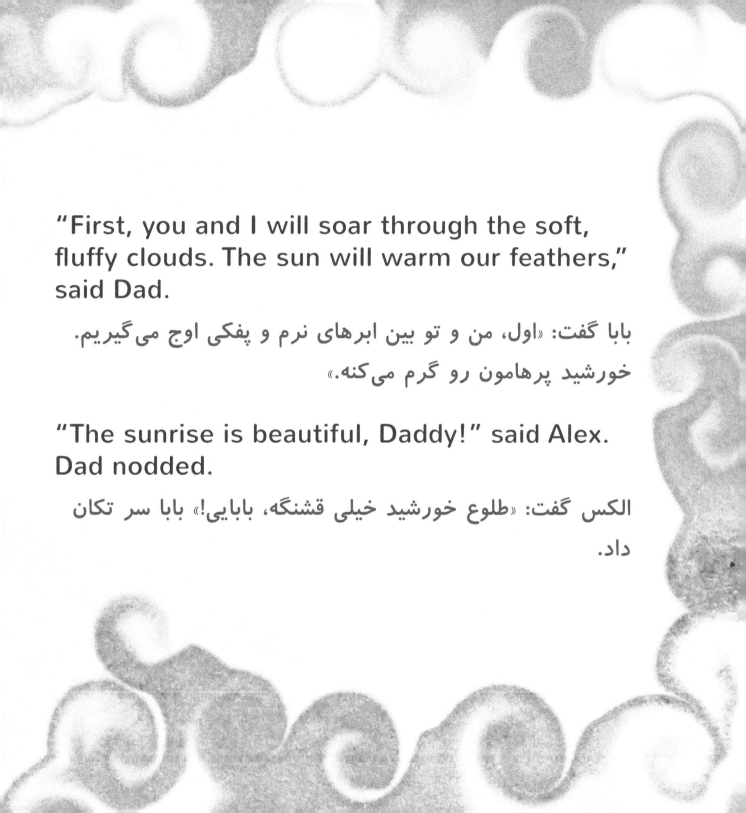

"First, you and I will soar through the soft, fluffy clouds. The sun will warm our feathers," said Dad.

بابا گفت: «اول، من و تو بین ابرهای نرم و پفکی اوج می‌گیریم. خورشید پرهامون رو گرم می‌کنه.»

"The sunrise is beautiful, Daddy!" said Alex. Dad nodded.

الکس گفت: «طلوع خورشید خیلی قشنگه، بابایی!» بابا سر تکان داد.

"Next, we will glide over the cool, gray mountains and past the quiet forest," said Dad.

بابا گفت: «بعد، بر فراز کوه‌های خنک و خاکستری روی جریان هوا سر می‌خوریم و از جنگل‌های ساکت و آروم می‌گذریم.»

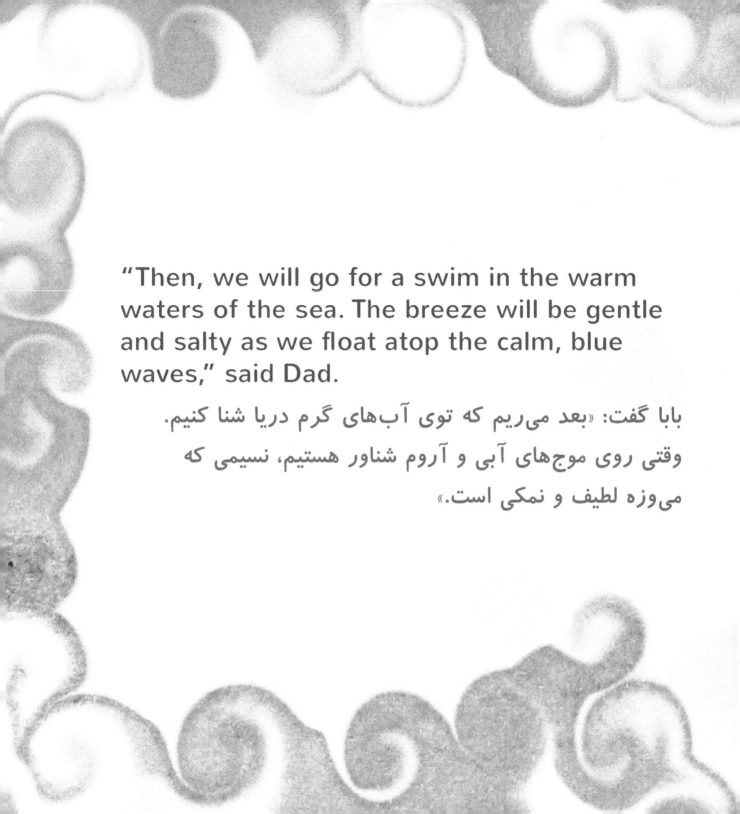

"Then, we will go for a swim in the warm waters of the sea. The breeze will be gentle and salty as we float atop the calm, blue waves," said Dad.

بابا گفت: «بعد می‌ریم که توی آب‌های گرم دریا شنا کنیم. وقتی روی موج‌های آبی و آروم شناور هستیم، نسیمی که می‌وزه لطیف و نمکی است.»

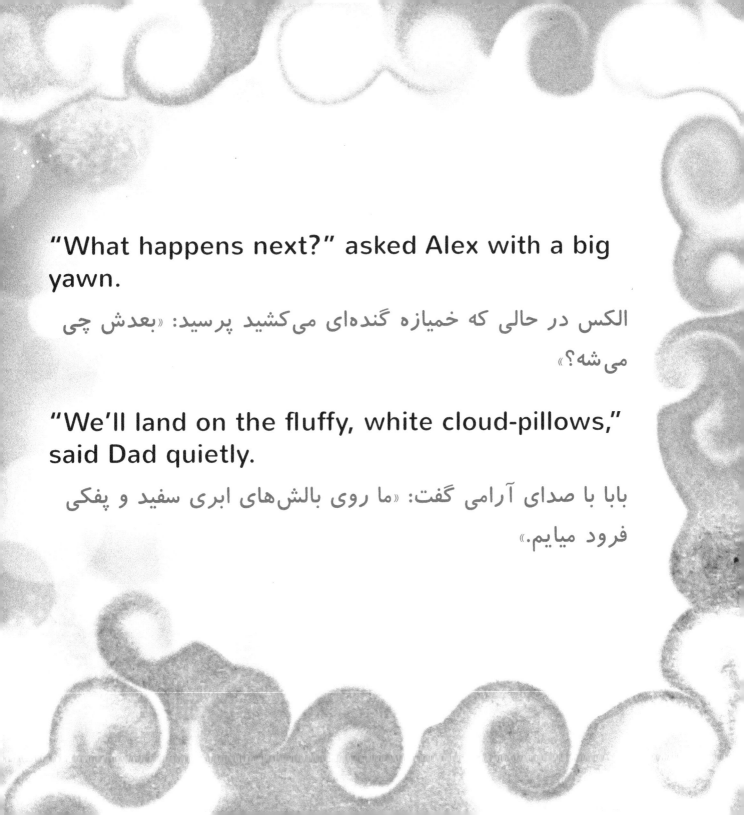

"What happens next?" asked Alex with a big yawn.

الکس در حالی که خمیازه گنده‌ای می‌کشید پرسید: «بعدش چی می‌شه؟»

"We'll land on the fluffy, white cloud-pillows," said Dad quietly.

بابا با صدای آرامی گفت: «ما روی بالش‌های ابری سفید و پفکی فرود میایم.»

Dad looked at Alex sleeping and leaned over.

بابا نگاهی به الکس که خوابیده بود انداخت و روی او خم شد.

"Goodnight, son. Goodnight, dear. I love you," said Dad. Then, he gave his son a kiss on his forehead. "I will always love you. Goodnight!"

بابا گفت: «شب بخیر، پسرم. شب بخیر، عزیزم. دوستت دارم.» و بعد بوسه‌ای روی پیشانی پسرش گذاشت. «همیشه دوستت خواهم داشت. شب بخیر!»

PiYo!

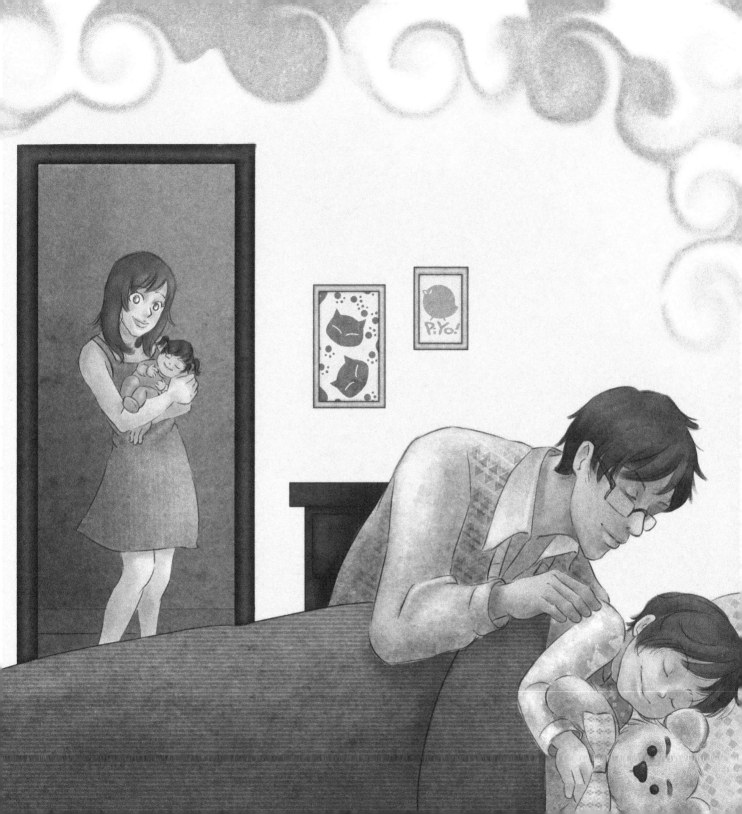